AF277358

Carlos III

Pragmática sanción

Barcelona 2024
Linkgua-digital.com

Créditos

Título original: Pragmática sanción.

© 2024, Red ediciones S. L.

e-mail: info@linkgua. com

Diseño de la colección: Michel Mallard.

ISBN rústica ilustrada: 978-84-1076-063-9.
ISBN ebo ok: 978-84-1076-062-2.

Sumario

Brevísima presentación

La Pragmática-Sanción de 1776, promulgada por Carlos III, restringió los matrimonios interraciales en el Reino de España y sus colonias. Estamos en presencia de un documento clave para comprender las políticas raciales de la época.

Pragmática sanción

a consulta del consejo, en que S. M. Establece lo conveniente para que los hijos de familias, con arreglo a las leyes del reino, pidan el consejo y consentimiento paterno antes de celebrar esponsales, haciendo lo mismo, en defecto de padres, a las madres, abuelos, o deudos más cercanos, y a falta de ellos hábiles a los tutores y curadores, bajo de las declaraciones y penas que expresa.

En la Oficina de don Antonio Sanz, impresor del rey nuestro señor, de su Real Consejo, y de el de las Órdenes.

DON CARLOS, POR LA GRACIA DE DIOS, rey de Castilla, de León, de Aragón, de las dos Sicilias, de Jerusalén, de Navarra, de Granada, de Toledo, de Valencia, de Galicia, de Mallorca, de Sevilla, de Cerdeña, de Córdoba, de Córcega, de Murcia, de Jaén, de los Algarves, de Algeciras, de Gibraltar, de las Islas de Canaria, de las Indias Orientales y Occidentales, Islas y Tierra-Firme del Mar Océano, archiduque de Austria, duque de Borgoña, de Brabante y de Milán, conde de Habsburgo, de Flandes, Tirol, y Barcelona, señor de Vizcaya, y de Molina, &c.

Al Serenísimo príncipe don Carlos, mi muy caro y amado hijo, a los infantes, prelados, duques, marqueses, condes, ricos-hombres, priores, comendadores de las Órdenes, y sub-comendadores, alcaides de los Castillos, Casas-fuertes y llanas, y a los del mi Consejo, presidente, y oidores de las mis Audiencias, alcaldes, alguaciles de la mi Casa y Corte, y Cancillerías, y a todos los corregidores, asistente, gobernadores, alcaldes-mayores y ordinarios, y otros cualesquiera jueces, y justicias de estos mis Reinos, así de Realengo, como de Señorío, Abadengo y órdenes, de cualquier estado, condición, calidad y preeminencia que sean, tanto a los que ahora son, como a los que serán de aquí adelante, y a cada uno, y cualquiera de vos, SABED: Que siendo propio de mi Real autoridad contener con saludables providencias los desórdenes, que se introducen con el transcurso del tiempo, estableciendo para refrenarlos las penas, que acomodadas a las circunstancias de los casos y calidades de las personas, pongan en su vigoro-sa observancia el fin que tuvieron las leyes; y habiendo llegado a ser tan frecuente el abuso de contraer matri-monios desiguales los hijos de familias, sin esperar el consejo y consentimiento paterno, o de aquellos deudos o personas que se hallen en lugar de padres, de que, con otros gravísimos daños y ofensas a Dios, resultan la turbación del buen orden del Estado, y continuadas dis-cordias, y perjuicios de las familias, contra la intención y piadoso espíritu de la Iglesia, que aunque no anula, ni dirime semejantes matrimonios, siempre los ha de-testado y prohibido, como opuestos al honor, respeto y obediencia que deben los hijos prestar a sus padres en materia de tanta gravedad e importancia.

Y no habiéndose podido evitar hasta ahora este fre-cuente desorden, por no hallarse específicamente decla-radas las penas civiles en que incurran los contravento-res, he mandado examinar esta materia con la reflexión y madurez que exige su importancia, en una Junta de Ministros, con particular encargo, de que dejando ile-sa la autoridad eclesiástica, y disposiciones canónicas en cuanto al Sacramento del Matrimonio para su valor, subsistencia y efectos espirituales, me propusiese el remedio más conveniente, justo y conforme a mi autoridad Real en orden al contrato civil y efectos temporales, que evite las desgraciadas consecuencias que resultan de estos abusos, y de la inobservancia de las leyes establecidas para contenerlos; y en su cumplimiento me hizo presente la serie de las que en todos tiempos promulgaron los reyes mis gloriosos progenitores, sobre este importante objeto, y medios prácticos de restablecerlas en su debido y conveniente uso.

Todo lo remití al Consejo pleno en 12 de febrero próximo, para que examinado en él con la atención que corresponde a su gravedad, honor y tranquilidad de las familias, me consultase lo que se le ofreciese.

En su inteligencia, y con vista de lo que dijeron mis tres Fiscales, me expuso su parecer, y la Pragmática que podría expedir en esta razón en consulta de 29 del mismo mes de febrero; y conformándome con él, he tenido por bien expedir esta mi Carta y Pragmatica-Sanción en fuerza de ley, que quiero tenga el mismo vigor que si fuese promulgada en Cortes.

Por la cual, y para la arreglada observancia de las leyes del Reino, desde las del Fuero-Juzgo, que hablan en punto a matrimonios de los hijos o hijas de familias, mando: Que en adelante, conforme a lo prevenido en ellas, los tales hijos e hijas de familias menores de veinticinco años, deban, para celebrar el contrato de esponsales, pedir, y obtener el consejo y consentimiento de su padre; y en su defecto de la madre; y a falta de ambos, de los abuelos por ambas lineas respectivamente; y no teniéndolos, de los dos parientes más cercanos que se hallen en la mayor edad, y no sean interesados o aspirantes al tal matrimonio; y no habiéndolos capaces de darle, de los tutores o curadores: bien entendido que prestando los expresados parientes, tutores o curadores su consentimiento, deberán ejecutarlo con aprobación del Juez Real, e interviniendo su autoridad, si no fuese interesado; y siéndolo se devolverá esta autoridad al corregidor o alcalde mayor realengo más cercano.

II. Que esta obligación comprenda desde las más altas clases del Estado, sin excepción alguna, hasta las más comunes del Pueblo, porque en todas ellas, sin diferencia, tiene lugar la indispensable y natural obligación del respeto a los padres, y mayores que estén en su lugar por derecho natural y divino, y por la gravedad de la elección de estado con persona conveniente; cuyo discernimiento no puede fiarse a los hijos de familias y menores, sin que intervenga la deliberación y consentimiento paterno, para reflexionar las consecuencias, y atajar con tiempo las resultas turbativas y perjudiciales al público y a las familias.

III. Si llegase a celebrarse el matrimonio sin el referido consentimiento o consejo, por este mero hecho, así los que lo contrajeren, como los hijos y descendientes que provinieren del tal matrimonio, queden inhábiles y privados de todos los efectos civiles, como son el derecho a pedir dote o legítimas, y de suceder como herederos forzosos y necesarios en los bienes libres que pudieran corresponderles por herencia de sus padres o abuelos, a cuyo respeto y obediencia faltaron contra lo dispuesto en esta Pragmática; declarando, como declaro por justa causa de su desheredación la expresada contravención e ingratitud, para que no puedan pedir en juicio, ni alegar de inoficioso o nulo el testamento de sus padres o ascendientes, quedando estos en el libre arbitrio, y facultad de disponer de dichos bienes a su voluntad, y sin más obligación que la de los precisos y correspondientes alimentos.

IV. Asimismo declaro, que en cuanto a los Vínculos, Patronatos y demás derechos perpetuos de la familia, que poseyeren los contraventores, o a que tuvieren derecho de suceder, queden privados de su goce y sucesión respectiva; y así ellos, como sus descendientes, sean y se entiendan postergados en el orden de los llamamientos: de modo que pasando al siguiente en grado, en quien no se verifique igual contravención, no puedan suceder hasta la extinción de las lineas de los descendientes del Fundador o personas, en cuya cabeza se instituyeron los vínculos o mayorazgos.

V. Si el que contraviniere fuere el último de los descendientes, pasará la sucesión a los transversales, según el orden de sus llamamientos; sin que puedan suceder los contraventores, y sus descendientes de aquel matrimonio, sino en el último lugar; y cuando se hallen extinguidas las lineas de los transversales: bien entendido que por esta mi declaración no se priva a los contraventores de los alimentos correspondientes.

VI. Los mayores de veinticinco años cumplen con pedir el consejo paterno para colocarse en estado de matrimonio, que en aquella edad ya no admite dilación, como está prevenido en otras leyes; pero si contravinieren dejando de pedir este consejo, paterno, incurrirán en las mismas penas que quedan establecidas, así en cuanto a los bienes libres, como en los vinculados.

VII. Siendo mi intención y voluntad en la disposición de esta Pragmática el conservar a los padres de familias la debida y arreglada autoridad, que por todos derechos les corresponde en la intervención y consentimiento de los matrimonios de sus hijos, y debiendo dirigirse, y ordenarse la dicha autoridad a procurar el mayor bien y utilidad de los mismos hijos, de sus familias y del estado, es justo precaver; al mismo tiempo el abuso y exceso, en que pueden incurrir los padres y parientes, en agravio y perjuicio del arbitrio y libertad que tienen los hijos para la elección del estado, a que su vocación los llama; y en caso de ser el de matrimonio, para que no se les obligue, ni precise a casarse con persona determinada contra su voluntad, pues ha manifestado la experiencia que muchas veces los padres y parientes, por fines particulares e intereses privados, intentan impedir que los hijos se casen, y los destinan a otro estado contra su voluntad y vocación; o se resisten a consentir en el matrimonio justo y honesto que desean contraer sus hijos, queriéndolos casar violentamente con persona a que tienen repugnancia, atendiendo regularmente más a las conveniencias temporales, que a los altos fines para que fue instituido el santo Sacramento del Matrimonio.

VIII. Y habiendo considerado los gravísimos perjuicios temporales y espirituales, que resultan a la República civil y cristiana de impedirse los matrimonios justos y honestos, o de celebrarse sin la debida libertad y recíproco afecto de los contrayentes, declaro y mando: Que los padres, abuelos, deudos, tutores y curadores en su respectivo caso deban precisamente prestar su consentimiento, si no tuvieren justa y racional causa para negarlo, como lo sería si el tal matrimonio ofendiese gravemente al honor de la familia, o perjudicase al Estado.

IX. Y así contra el irracional disenso de los padres, abuelos, parientes, tutores o curadores, en los casos y forma que queda explicada, respecto a los menores de edad, y a los mayores de veinticinco años, debe haber, y admitirse libremente recurso sumario a la Justicia Real ordinaria, el cual se haya de terminar y resolver en el preciso término de ocho días, y por recurso en el Consejo, Cancillería, o Audiencia del respectivo territorio en el perentorio de treinta días; y dé la declaración que se hiciese, no haya revista, alzada, ni otro recurso, por deberse finalizar con un solo auto, ora confirme o revoque la providencia del inferior, a fin de que no se dilate la celebración de los matrimonios racionales y justos.

X. Que solo se pueda dar certificación del auto favorable o adverso, pero no de las objeciones y excepciones que propusieren las partes, para evitar difamaciones de personas o familias, y sea puramente extrajudicial e informativo semejante proceso, y aunque se oiga a las partes en él por escrito o verbalmente, sea siempre a puerta-cerrada. Y declaro incursos en perpetua privación de oficio a los Jueces y Escribanos que diesen, o mandasen dar copia simple o certificada de los procesos que se formaren sobre suplir el irracional disenso de los padres, deudos o tutores: pues los tales procesos en cualquiera Juzgado que se terminaren, han de quedar custodiados en el archivo secreto y separado; de modo que por ninguna persona puedan registrarse ni reconocerse, ni darse tampoco segunda certificación del auto, sin expresa orden y mandato del mismo Consejo.

XI. Mando asimismo se conserve en los Infantes y Grandes la costumbre y obligación de darme cuenta, y a los reyes mis sucesores de los contratos matrimoniales que intenten celebrar ellos, o sus hijos, e inmediatos sucesores, para obtener mi Real aprobación, y si (lo que no es creíble) omitiese alguno el cumplimiento de esta necesaria obligación, casándose sin Real permiso, así los contraventores, como su descendencia, por este mero hecho queden inhábiles a gozar los títulos, honores y bienes dimanados de la Corona: y la Cámara no les despache a los Grandes la Cédula de sucesión, sin que hagan constar al tiempo de pedirla, en caso de estar casados los nuevos poseedores, haber celebrado sus matrimonios, precedido el consentimiento paterno, y el Regio sucesivamente.

XII. Pero como puede acaecer algún raro caso de tan graves circunstancias, que no permitan que deje de contraerse el matrimonio, aunque sea con persona desigual, cuando esto suceda en los que están obligados a pedir mi Real permiso, ha de quedar reservado a mi Real Persona, y a los reyes mis sucesores el poderlo conceder; pero también en este caso quedara subsistente e invariable lo dispuesto en esta Pragmática, en cuanto a los efectos civiles, y en su virtud la mujer o el marido que cause la notable desigualdad, quedará privado de los títulos, honores y prerrogativas que le conceden las leyes de estos Reinos, ni sucederán los descendientes de este matrimonio en las tales dignidades, honores, vínculos o bienes dimanados de la Corona, los que deberán recaer en las personas, a quienes en su defecto corresponda la sucesión ni podrán tampoco estos descendientes de dichos matrimonios desiguales usar de los apellidos y armas de la casa, de cuya sucesión quedan privados; pero tomarán precisamente el apellido y las armas del padre o madre que haya causado la notable desigualdad, concediéndoles que puedan suceder en los bienes libres, y alimentos que deban corresponderles: lo que se prevendrá con claridad en el permiso y partida de casamiento.

XIII. Conviniendo también conservar en su esplendor las familias llamadas a la sucesión de las grandezas, aunque sea en grados distantes, y las de los Títulos; declaro igualmente, que además del consentimiento paterno, deben pedir el Real permiso en la Cámara, al modo que se piden las cartas de sucesión en los títulos, precediéndose informativamente, y con la preferencia que piden tales recursos.

XIV. Por lo tocante a los Consejeros y Ministros Togados de todos los Tribunales del Reino, que se casaren estando ya provistos en Plazas, conviniendo mucho conservar el decoro de sus familias, quiero, que además de lo prevenido, se observe la costumbre, y lo que está

dispuesto de pedir la licencia al Presidente o Goberna-
dor de mi Consejo.

XV. En cuanto a los Militares están expedidas mis
Reales Órdenes en razón de la licencia y circunstancias
que deben preceder para su casamiento; y mando se ob-
serven, pero con la prevención de que si no pidiesen el
consentimiento y consejo de sus padres y mayores en
sus respectivos casos, y como queda dispuesto en esta
Pragmática, incurran en las mismas penas que los demás, en cuanto a los bienes libres y vinculados.

XVI. No bastando las penas civiles que van establecidas a contener las ofensas a Dios, el desorden y pa-
siones violentas de los jóvenes, si no conspiran al mismo fin los Ordinarios eclesiásticos de estos mis Reinos,
como lo espero de su celo en observancia de los cáno-
nes, y siguiendo el espíritu de la Iglesia, que siempre de-
testó y prohibió los matrimonios celebrados sin noticia,
o con positiva y justa repugnancia, o racional disenso
de los padres; he tenido y tengo por bien encargar a los
Ordinarios eclesiásticos, que para evitar las referidas
contravenciones y penas en que incurrirán los hijos de
familias, y no darles causa ni motivo para que falten, a
la obediencia debida a los padres, ni padezcan las tris-
tes consecuencias que resultan de tales matrimonios,
pongan en cumplimiento de la Encíclica de Benedicto
XIV el mayor cuidado y vigilancia en la admisión de
esponsales y demandas, a que no preceda este consentimiento, o de los que deban darle gradualmente, aunque
vengan firmados o escritos los tales contratos de espon-

sales, de los que intentan solemnizarles sin el referido asenso de los padres, o de los que están en su lugar.

XVII. Que para atajar estos matrimonios desiguales, y evitar los perjuicios del Estado y familias, se observe inviolablemente por los Ordinarios eclesiásticos, sus Provisores y Vicarios lo dispuesto en el Concilio de Trento en punto a las proclamas, excusando su dispensación voluntaria.

XVIII. Para la observancia de todo lo referido, y en uso de la protección que la potestad Real debe dispensar al más exacto cumplimiento de las reglas canónicas, al respeto de los hijos de familias a sus padres y mayores, y al conveniente orden y tranquilidad de las familias, de que depende la del Estado en gran parte; ruego y encargo a los MM. RR. arzobispos, como metropolitanos, a los RR. obispos y demás prelados en sus Diócesis y Territorios, hagan que sus provisores, visitadores, promotores-fiscales, vicarios, curas, tenientes y notarios se instruyan de esta mi Pragmática, y de las prevenciones explicadas en ella, para que igualmente promuevan y concurran a su debida observancia y cumplimiento.

XIX. Que en razón de esta mi Pragmática y prevenciones que hicieren los prelados en consecuencia de ella, y de la Cédula particular que se les dirige con esta misma fecha, puedan las partes interesadas usar, de los recursos competentes.

Y para que lo contenido en esta mi Pragmática-Sanción tenga su pleno y debido cumplimiento, mando a los del mi Consejo, presidente, y oidores de mis Audiencias y Cancillerías, y a los demás jueces y justicias de estos mis Reinos, a quien lo contenido toque, o tocar pueda, vean lo que va dispuesto en ella, y arreglándose a su serie y tenor, den los autos y mandamientos que fueren necesarios, sin permitir se contravenga en manera alguna, sin embargo de cualesquiera Leyes, Ordenanzas, estilo o costumbre en contrario: pues en cuanto a esto lo derogo, y doy por, ninguno, y quiero se esté, y pase inviolablemente por lo que aquí va dispuesto; precediendo publicarse en Madrid, y en las demás Ciudades, Villas y Lugares de estos mis Reinos en la forma acostumbrada: Que así es mi voluntad; y que al traslado impreso de esta mi Pragmática, firmado de don Antonio Martínez Salazar, mi secretario, contador de resultas, y escribano de Cámara más antiguo, y de Gobierno del mi Consejo, se le dé la misma fe y crédito que a su original. Dada en el Pardo a 23 de marzo de 1776.

YO EL REY.

Yo don Josef Ignacio de Goyeneche, secretario del rey nuestro Señor, le hice escribir por su mandado. ~ Don Manuel Ventura Figueroa. ~ Don Pedro Josef Valiente. ~ Don Ignacio de Santa Clara. ~ Don Andrés Gónzales de Barcia. ~ Don Manuel de Villafañe ~ Registrada. ~ Don Nicolás Verdugo. ~ Teniente de Canciller Mayor. ~ Don Nicolás Verdugo. ~

PUBLICACIÓN.
En la Villa de Madrid, a 27 días del mes de marzo de 1776, ante las Puertas del Real Palacio, frente del

Balcón principal del rey nuestro señor, y en la Puerta de Guadalajara, donde está el público trato y comercio de los Mercaderes, y Oficiales; estando presentes don Tomás Joven de Salas, el conde de Balazote, don Gregorio Portero de Huerta, y don Juan Asensio de Ezterripa, alcaldes de la Casa y Corte de S. M, se publicó la Real Pragmática-Sanción antecedente, con trompetas y timbales, por voz de pregonero público, hallándose a ella diferentes alguaciles de dicha Real Casa y Corte, y otras muchas personas, de que certifico yo don Bartolomé Muñoz de Torres, escribano de Cámara del rey nuestro señor, de los que en su Consejo residen. Don Bartolomé Muñoz de Torres.

Es copia de la Real Pragmática-Sanción, y su Publicación original, de que certifico. ~ Don Antonio Martínez Salazar.

Libros a la carta

A la carta es un servicio especializado para
empresas,
librerías,
bibliotecas,
editoriales
y centros de enseñanza;
y permite confeccionar libros que, por su formato y
concepción, sirven a los propósitos más específicos de
estas instituciones.

Las empresas nos encargan ediciones personalizadas
para marketing editorial o para regalos institucionales.
Y los interesados solicitan, a título personal, ediciones
antiguas, o no disponibles en el mercado; y las acompa-
ñan con notas y comentarios críticos.

Las ediciones tienen como apoyo un libro de estilo
con todo tipo de referencias sobre los criterios de trata-
miento tipográfico aplicados a nuestros libros que puede ser consultado en linkgua-digital.com.

Linkgua edita por encargo diferentes versiones de
una misma obra con distintos tratamientos ortotipo-
gráficos (actualizaciones de carácter divulgativo de un
clásico, o versiones estrictamente fieles a la edición original de referencia).

Este servicio de ediciones a la carta le permitirá, si
usted se dedica a la enseñanza, tener una forma de ha-
cer pública su interpretación de un texto y, sobre una
versión digitalizada «base», usted podrá introducir in-
terpretaciones del texto fuente. Es un tópico que los
profesores denuncien en clase los desmanes de una edición, o vayan comentando errores de interpretación de

un texto y esta es una solución útil a esa necesidad del mundo académico.

Asimismo publicamos de manera sistemática, en un mismo catálogo, tesis doctorales y actas de congresos académicos, que son distribuidas a través de nuestra Web.

El servicio de «libros a la carta» funciona de dos formas.

1. Tenemos un fondo de libros digitalizados que usted puede personalizar en tiradas de al menos cinco ejemplares. Estas personalizaciones pueden ser de todo tipo: añadir notas de clase para uso de un grupo de estudiantes, introducir logos corporativos para uso con fines de marketing empresarial, etc. etc.

2. Buscamos libros descatalogados de otras editoriales y los reeditamos en tiradas cortas a petición de un cliente.

Printed in Poland
by Amazon Fulfillment
Poland Sp. z o.o., Wrocław

69305513R00016